マクロビだからカンタン。

グルテンフリーのお菓子

上原まり子

文化出版局

グルテンフリーのお菓子は米粉が主役です

この本では米粉を使った体にやさしく、心がほっとするお菓子をご紹介しています。しかも卵、乳製品、白砂糖を使っていません。
そもそもグルテンフリーとは、グルテン（小麦などの穀物の胚乳から生成されるたんぱく質の一種）を含まないという意味。グルテンには食品に弾力や粘りを出す働きがあり、その性質を利用して、パンやうどん、パスタなどが作られており、昔から私たちの食生活に大きな役割を担ってきました。
しかし最近、アレルギー症状緩和の可能性という視点から、欧米では「グルテンフリー」の認知度が非常に高くなっています。
そのためグルテンを含まない米粉が注目を集めるようになってきたのです。
私が主宰するマクロビオティックの料理教室「マクロウタセ」でも、以前からお問合せが多く、米粉を使ったお菓子や料理は、私のライフワークの一つになっています。米粉を使ったお菓子はいいところがたくさんあります。

1　もっちりした食感が出る

ケーキの焼上りは、炊きたてのご飯に似た甘い香りと、もちもちとした食感が特徴です。この本のお菓子は甘さがぐんと控えめなので、ご飯のように食べられると思います。

2　小麦粉のお菓子より、手間がかからない

マクロビのお菓子はボウルに混ぜて焼くだけのシンプルな作り方ですが、米粉を使えば、さらに簡単に。小麦粉のようにダマになる心配がないので、ふるう必要もありません。グルテンがないので、粘ることがなく、多少ぐるぐるとかき混ぜても問題なし。

3　冷凍OK。自然解凍で食べられる

米粉のお菓子はご飯と同じです。冷蔵するとパサパサになってしまいますが、冷凍ができて、自然解凍で食べられるので、作りおきのおやつとしても活用できます。

4　消化にいい

小麦粉で作ったものより、軽い仕上りです。胃にもたれにくく、アレルギーを気にする方はもちろん、ヘルシー志向の方、美容に関心の高い方にもおすすめです。

本書の使い方　1カップ＝200mℓ、大さじ1＝15mℓ、小さじ1＝5mℓです。

CONTENTS

主な材料について

この本ではマクロビオティックに対応したお菓子作りをご紹介します。
主に使う材料は以下のとおりです。

粉類

米粉

うるち米を細かくひいたものです。米粉はひき方によって品質に差があり、粒子が粗いものはだんごなどには向きますが、洋菓子作りには適しません。選ぶときは必ず、「製菓用」にも使える、粒子の細かなものを選んでください。

玄米粉

米を玄米の状態でひいたもの。この本では米粉などとブレンドして使います。ひき方によって粒子の粗いものや茶色がかったものがありますが、どれでも結構です。生地にざっくりとした風合いが生まれます。

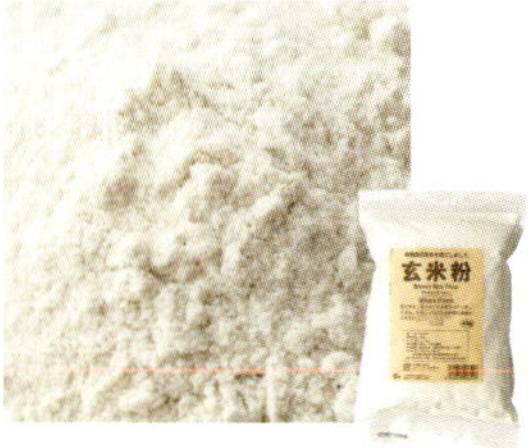

本くず粉

コーンスターチなどが混ざっていない、「本くず粉」と表記されたものを選びましょう。米粉とブレンドして使うと、さくさく、ほろほろという独特の食感が出ます。

アーモンドパウダー

アーモンドを粉砕したもの。皮を除いたもの、皮つきのものとありますが、手に入るもので結構です。米粉とブレンドすると、生地にコクや香り、風味が加わります。酸化しやすいので、密閉して冷凍保存で。

きな粉

大豆を粉砕したもの。米粉に加えると、さくさくとした食感や、香ばしい風味がつきます。

そば粉

小麦粉などの混ざりものがない、そば粉100%のものを選びましょう。ひき方などによって粒子の粗いものや色の異なるものがあります。米粉と合わせると、そば独特の香りと、素朴な風合いの生地になります。

甘み

メープルシロップ

サトウカエデなどの樹液を凝縮させた天然の甘味料。等級によって色や味、価格が異なりますが、お好きなものでどうぞ。ただし、極端に色が濃いものを選ぶとお菓子の色が濃く仕上がるので注意を。

てんさい糖

甜菜(砂糖大根)から作られた砂糖で、さとうきびの砂糖とは異なります。やさしい甘さが特徴。

アガベシロップ

メキシコを中心に生息する「リュウゼツラン」という植物の根茎からとれる糖分です。しっかりした甘みがありますが、後味がすっきりしています。

100%りんごジュース

選ぶときは、できるだけストレート果汁を選ぶようにしましょう。

米水あめ

米のでんぷん質から作られる甘味料。水あめ状で粘り気があります。冬場など室温が低いとかたくなりますが、かたくてすくいにくい場合は少し温めるとやわらかくなります。

甘酒

米に麹を加えて発酵させたもので、自然な甘みがあり、甘味料として利用します。できれば、玄米から作られる「玄米甘酒」がおすすめ。

牛乳の代り

豆 乳

味わいの濃い、成分無調整のものを選んでください。

豆乳ヨーグルト(プレーン)

豆乳に植物性乳酸菌を加えて発酵させたもの。普通のヨーグルトのような形状ですが、酸味がやわらかく、そのままでも食べやすいです。

ココナッツミルク

ココナッツの種子の白い胚乳部分をしぼったもの。独特の甘いココナッツの風味とコクのある味わいが特徴です。牛乳や豆乳の代りに使えます。

油脂として

菜種サラダ油

色が無色で、味にくせがない、使いやすい菜種油で、お菓子作りにも適しています。

タヒニ

白ごまのペーストです。中東料理でよく使われます。国産の白ごまペーストでもかまいません。

その他

ベーキングパウダー

アルミニウム(みょうばん)不使用のものを選んでください。開封して6か月以上たつとふくらむ力が落ちるので、購入するときは使用頻度に応じた大きさのものを買いましょう。

塩

塩は天然塩を選びましょう。

バニラエクストラクト

バニラビーンズを水とアルコールにつけてバニラ液を抽出したエッセンスです。バニラエッセンスよりもおだやかなやさしい香りです。

寒天パウダー

ババロワなどを固めるのに使います。粉末状なので、板寒天よりも量が調節しやすく使いやすいです。

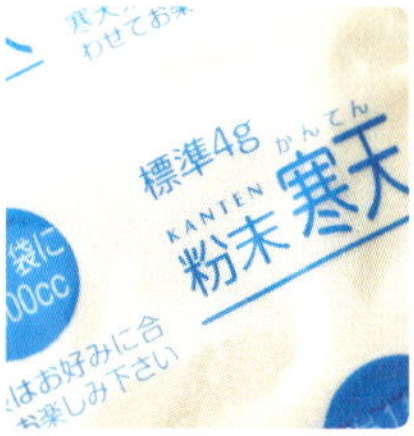

キャロブパウダー

キャロブ(いなご豆)のさやを粉末にしたもので、ココアに近い風味を持っています。脂肪分がカカオより少ないので、さっぱりと仕上がります。

カカオニブ

カカオ豆を砕いてフレーク状にしたもの。苦みのある粒々とした食感で、生地に入れると香りや食感のアクセントに。

グルテンフリーの

パンケーキ

PANCAKE

GLUTEN-FREE

フライパンで焼けるので、お菓子初心者の方でも気軽に作れるのがパンケーキです。グルテンフリーのお菓子は米粉を使うため、小麦粉とは違う、もっちりもちもちとした独特の食感が特徴。とにかく焼きたてがおいしいので、ぜひ温かいうちに召し上がってみてください。

プレーンパンケーキは、米粉に少し甘みを加えて焼き上げます。ご飯のようにシンプルな味わいで、そのままでもおいしいですが、あんずソース(p.69参照)やジンジャーカスタードクリーム(p.68参照)などトッピングでいろいろ楽しむことができます。

パンケーキの基本

グルテンフリーのお菓子で使う粉は主に米粉です。
混ぜるときに多少かき混ぜてしまっても大丈夫。4STEPで簡単に作れます。

プレーンパンケーキ

WET（液体類）に豆乳ヨーグルトを使っているため、よくふくらみ、焼きたてはふんわり、もっちり。独特の食感がやみつきになります。

材料（直径約10cmのもの4枚分）

-DRY-
米粉…100g
てんさい糖…大さじ2
ベーキングパウダー…小さじ1

-WET-
豆乳ヨーグルト…100g

フライパン用
菜種サラダ油…大さじ1

1 DRYの材料を混ぜる

大きめのボウルに***DRY***の材料を入れ、ゴムべらで混ぜる。

米粉はダマになりにくいので、小麦粉のようにふるう必要はない。だいたい均一になる程度に混ぜればOK。

2 DRY + WET

DRYに***WET***の材料を加えて、ゴムべらで均一になるまで混ぜる。

WETの材料が数種類ある場合は、合わせて混ぜてから加えるといい。米粉はグルテンが出ないので、生地に粘り気が出にくいため、混ぜるときに多少ぐるぐるとかき混ぜても大丈夫。

パンケーキの保存について

多めに作って保存する場合は、一つずつラップに包んで冷凍を。解凍するときは室温において自然解凍。米粉のお菓子は冷蔵庫に入れるとパサパサになってしまうので冷蔵庫保存はNGです。

豆乳ヨーグルトを
ココナッツミルクに変えて

ココナッツパンケーキ

ココナッツミルクを使って、
しっとりした薄焼きタイプのパンケーキに。

材料(直径約10cmのもの4枚分)

-DRY-
米粉…100g
てんさい糖…大さじ2
ベーキングパウダー…小さじ1

-WET-
ココナッツミルク…60mℓ
水…大さじ3

フライパン用
菜種サラダ油…大さじ1

作り方
下記の基本のパンケーキの作り方を参照。ただし、作り方2でココナッツミルクを加えて混ぜてから、分量の水を少しずつ加えてよく混ぜる。作り方4で、焼き時間を片面3分ずつにする。

3
混ぜ終り(+具材)

均一に混ざったらOK。具材がある場合は、ここで加え、具材をつぶさないようざっくり混ぜ合わせる。

4
フライパンで焼く

フライパンを火にかけて熱し、菜種サラダ油をひき、お玉1杯分(約¼量)ずつ生地を落として、直径10cmほどの円形に広げる。ふたをして弱火で片面約2分30秒焼き、焼き色がついたらひっくり返し、ふたをしてさらに2分30秒焼く。

フルーツパンケーキ

プレーンパンケーキにフルーツフレーバーを加えました。
レモンは黄色い皮のみを加えて、フレッシュでさわやかな香りをプラス。

レモンのパンケーキ

材料(直径約10cmのもの4枚分)
-DRY-
米粉…100g
てんさい糖…大さじ2
ベーキングパウダー…小さじ1
-WET-
豆乳ヨーグルト…100g

具材
レモン(皮のみ使用)…1個分

フライパン用
菜種サラダ油…大さじ1

準備
・レモンは黄色い皮の部分をすりおろす。

作り方
(p.8～9のパンケーキの基本を参照)
1 大きめのボウルに***DRY***の材料を合わせて混ぜる。
2 1に***WET***の材料を加え、混ぜる。均一に混ざったら、すりおろしたレモンの皮を加え、ざっくりと混ぜ合わせる。
3 フライパンを熱して油をひき、2の生地をお玉で直径10cmほどの円形に落とし、ふたをして弱火で片面2分30秒ずつ焼く。仕上げの盛りつけで、レモンの皮の細切り(分量外)を飾ってもいい。

レモンは表面のみを軽くこするようにおろすと、黄色い皮部分だけがすりおろせる。

いちごのパンケーキ

材料(直径約10cmのもの4枚分)
-DRY-
米粉…100g
てんさい糖…大さじ2
ベーキングパウダー…小さじ¾
-WET-
豆乳ヨーグルト…100g

具材
いちご…70g

フライパン用
菜種サラダ油…大さじ1

準備
・いちごはへたを除き、粗くつぶす。

作り方
(p.8～9のパンケーキの基本を参照)
1 大きめのボウルに***DRY***の材料を合わせて混ぜる。
2 1に***WET***の材料を加え、混ぜる。均一に混ざったら、つぶしたいちごを加え、ざっくりと混ぜ合わせる。
3 フライパンを熱して油をひき、2の生地をお玉で直径10cmほどの円形に落とし、ふたをして弱火で片面2分ずつ焼く。

いちごはフォークなどでつぶすか、包丁で刻んだものを、生地の最後に加えて混ぜる。

好みで甘酒ジンジャーアイス（p.70参照）を添えてもおいしい。

かぼちゃのパンケーキ

粉類にかぼちゃパウダーを加え、液体類に甘酒を使います。
きれいな黄色で、ほくほくの食感に焼き上がり、砂糖を使わないので甘さもかなり控えめです。

材料（直径約10cmのもの4枚分）

-DRY-

米粉…100g
かぼちゃパウダー…20g
ベーキングパウダー…小さじ1
塩…ひとつまみ

-WET-

玄米甘酒または甘酒…100mℓ
水…70mℓ

フライパン用

菜種サラダ油…大さじ1

作り方
（p.8〜9のパンケーキの基本を参照）

1 大きめのボウルに*DRY*の材料を合わせて混ぜる。
2 1に*WET*の材料を合わせて加え、混ぜる。
3 フライパンを熱して油をひき、2の生地をお玉で直径10cmほどの円形に落とし、ふたをして弱火で片面2分ずつ焼く。

かぼちゃパウダー

かぼちゃを乾燥させ、粉状に粉砕した野菜の粉末。かぼちゃの香りや甘み、栄養はそのままなので、風味づけ、色づけなど、特にお菓子やパン作りには便利に使える。製菓材料売り場やインターネットの通信販売で購入可能。

そば粉とりんごのパンケーキ

そば粉とすりおろしたりんご、相性のいい素材を組み合わせて生地に加えました。
しっとりとしてやわらかく、飽きのこない定番のパンケーキです。

材料（直径約10cmのもの4枚分）

-DRY-

米粉…100g
そば粉…10g
てんさい糖…大さじ2
ベーキングパウダー…小さじ1
シナモンパウダー…小さじ⅛

-WET-

水…80mℓ
バニラエクストラクト…小さじ½

具材

りんご（皮と芯を除いて）…½個分

フライパン用

菜種サラダ油…大さじ1

準備

・りんごはすりおろす。

作り方
（p.8〜9のパンケーキの基本を参照）

1 大きめのボウルに*DRY*の材料を合わせて混ぜる。
2 1に*WET*の材料を加え、混ぜる。均一に混ざったら、すりおろしたりんごを加えて混ぜ合わせる。
3 フライパンを熱して油をひき、2の生地をお玉で直径10cmほどの円形に落とし、ふたをして弱火で片面3分ずつ焼く。

しょうがの甘煮（p.69参照）と一緒に食べると、
りんごの風味によく合います。

皮をむいてすりおろしたりんごを、生地の最後に加えて混ぜ合わせる。

アールグレイのパンケーキ

紅茶パウダーを生地に混ぜて風味をつけました。
パウダーがなければ、ティーバッグの中身（茶葉）を使ってもけっこうです。

材料（直径約10cmのもの4枚分）

-DRY-

米粉…100g
紅茶パウダー（アールグレイ）
　…小さじ1
てんさい糖…大さじ2
ベーキングパウダー…小さじ1
塩…ひとつまみ

-WET-

ココナッツミルク…60ml
水…60ml
バニラエクストラクト…小さじ½

具材

くるみ…4粒

フライパン用

菜種サラダ油…大さじ1

準備

・くるみは粗く砕く。

作り方
（p.8〜9のパンケーキの基本を参照）

1 大きめのボウルに*DRY*の材料を合わせて混ぜる。
2 1に*WET*の材料を合わせて加え、混ぜる。均一に混ざったら、砕いたくるみを加えて混ぜ合わせる。
3 フライパンを熱して油をひき、2の生地をお玉で直径10cmほどの円形に落とし、ふたをして弱火で片面2〜3分ずつ焼く。

好みで、ジンジャーカスタードクリーム（p.68参照）を添えても。

紅茶パウダー

紅茶葉を、抹茶のような微細な粉末にしたもの。少量で香りと色合いが出て、お菓子やパン作りに便利。

グルテンフリーの

マフィン

MUFFIN

GLUTEN-FREE

卵、乳製品、白砂糖なし、グルテンフリーのマフィンなら、みんなが集まる持寄りパーティやおもたせにも大活躍するはず。米粉のやさしい持ち味プラス、組み合わせる素材によって、風味や食感がさまざまに変化するので、いろいろ作ってみたくなります。

左下から時計回りに、ラベンダーとしょうがのマフィン(p.18参照)、大麦若葉の今川焼き風マフィン(p.21参照)、黒豆の甘酒マフィン(2個、p.19参照)、小豆といちじくのマフィン(p.20参照)、焼きいもマフィン(p.16参照)。

マフィンの基本

**DRY(粉類)にWET(液体類)を混ぜ、具材を加えて生地作りは終了。
泡立てもなく、多少かき混ぜても大丈夫なので、難しいコツもありません。**

焼きいもマフィン

粗く割った焼きいも＆ピーカンナッツを生地に加えて。ボリュームがあって、軽食にぴったり！

材料(口径約8cmのマフィン型シリコンカップ6個分)

-DRY-
米粉…150g
アーモンドパウダー…30g
ベーキングパウダー…大さじ½
シナモンパウダー…小さじ¼
塩…ひとつまみ

-WET-
豆乳…160mℓ
アガベシロップ…55mℓ
菜種サラダ油…大さじ3

具材
焼きいも(皮をむいて)…120g
ピーカンナッツ…25g

準備
・オーブンは160℃に予熱する。
・焼きいもは小さめの一口大にほぐす。
・ピーカンナッツは砕いておく。

1 DRYの材料を混ぜる

大きめのボウルに*DRY*の材料を入れ、ゴムべらで混ぜる。

米粉はダマになりにくいので、小麦粉のようにふるう必要はない。だいたい均一になる程度に混ぜればOK。

2 WETの材料を混ぜる

別のボウルに*WET*の材料を入れ、ゴムべらで混ぜる。

分離した状態が、だいたい均一になる程度に混ぜればいい。

マフィンの保存について

米粉のお菓子は冷蔵庫に入れるとパサパサになってしまいます。保存する場合は、一つずつラップに包んで冷凍を。解凍するときは室温において自然解凍。オーブンで軽く焼き直してもおいしくいただけます。

スライスアーモンドマフィン

生地はまったく同じでも、トッピングするだけで、味わいが変わります。

作り方

下記の基本のマフィンの作り方を参照。作り方4でシリコンカップに生地を分け入れたあと、スライスアーモンドを散らして焼いたもの。ほかにレーズン、キャロブチップ、黒ごまなどでもおいしくできる。

トッピングに
スライスアーモンドを加えて

3

DRY + WET (+具材)

DRY に ***WET*** を加え、ゴムべらで混ぜる。具材を加える場合は、生地が均一に混ざったら加え、具材をつぶさないように混ぜ合わせる。

焼きいもなどのように具材が大きい場合は小さくちぎって加える。

4

型に入れて焼く

天板にのせたマフィン型シリコンカップに生地を均等に分け入れ、160℃に熱したオーブンに入れて約30分焼く。焼き上がったらシリコンカップからはずし、ケーキクーラーの上に出して冷ます。

ラベンダーとしょうがのマフィン

ハーブティー用のラベンダーとしょうがの甘煮を混ぜ込みます。
その香りを生かすよう、配合を工夫しました。ふわふわに焼き上がります。

材料(口径約8cmのマフィン型シリコンカップ6個分)

-DRY-

米粉…150g
アーモンドパウダー…40g
ベーキングパウダー…大さじ½
塩…ひとつまみ

-WET-

豆乳…50mℓ
メープルシロップ…50mℓ
菜種サラダ油…40mℓ
100%りんごジュース…120mℓ
しょうがの甘煮(p.69参照)…大さじ1½
ラベンダー…小さじ2

準備

・p.69を参照し、しょうがの甘煮を作る。
・オーブンは180℃に予熱する。

作り方
(p.16〜17のマフィンの基本を参照)

1 大きめのボウルに*DRY*の材料を合わせて混ぜる。
2 別のボウルに*WET*の材料を合わせて混ぜる。しょうがの甘煮は混ざりにくいので、分量の豆乳から少し取り分けて、よく溶きのばしてから加えるといい。
3 1に2を加えて混ぜる。
4 シリコンカップに3を分け入れ、180℃のオーブンで約22分焼き、型から出して冷ます。
※焼上りはやわらかく、割るともろもろとくずれる場合があるので、完全に冷ましてから食べてください。

ラベンダー
ハーブティー用のラベンダーを使用。ハーブ専門店やインターネットの通信販売で購入可能。

黒豆の甘酒マフィン

黒豆はお正月の煮豆ではなく、水からただゆでた甘みのないものです。
甘酒はここでは黒米甘酒を使いましたが、普通の甘酒でもけっこうです。

材料（口径約8cmのマフィン型シリコンカップ6個分）

-DRY-

玄米粉…150g
てんさい糖…30g
ベーキングパウダー…小さじ1
塩…ひとつまみ

-WET-

黒米甘酒または甘酒…100mℓ
水…80mℓ
菜種サラダ油…大さじ2

具材

黒豆（ゆでたもの）…45g

準備

・黒豆はゆでておく（黒豆のゆで方は下記参照）。
・オーブンは160℃に予熱する。

作り方
（p.16～17のマフィンの基本を参照）

1 大きめのボウルに*DRY*の材料を合わせて混ぜる。
2 別のボウルに*WET*の材料を合わせて混ぜる。
3 1に2を加えて混ぜ、水気をきった黒豆を加えて混ぜる。
4 シリコンカップに3を分け入れ、160℃のオーブンで約35分焼き、型から出して冷ます。

黒豆のゆで方

黒豆45gをたっぷりの水に浸して一晩おく。水気をきって鍋に移し、かぶる程度の水を加えて火にかけ、煮立ったらときどきアクを除きながら、30分ほどやわらかくなるまで煮る。

黒米甘酒

原料に紫黒米を加えて作られた甘酒。甘酒独特の酸味もやわらかく、やさしい甘み。きれいな薄紫なので、お菓子に使うと生地がほんのりピンクに。自然食品店やインターネットで購入可能。

小豆といちじくのマフィン

粉に小豆パウダーを加えました。いわば「お赤飯」の組合せなので、
とても相性がよく、食感もしっとりとしています。

材料（口径約8cmのマフィン型シリコンカップ6個分）

-DRY-

米粉…150g
小豆パウダー…30g
ベーキングパウダー…大さじ½
塩…ひとつまみ

-WET-

豆乳…225mℓ
メープルシロップ…55mℓ
菜種サラダ油…45mℓ

具材

白いちじく（ドライ）…大3個

準備

・オーブンは160℃に予熱する。
・白いちじくは細かく刻む。

作り方

（p.16〜17のマフィンの基本を参照）

1 大きめのボウルに*DRY*の材料を合わせて混ぜる。
2 別のボウルに*WET*の材料を合わせて混ぜる。
3 1に2を加えて混ぜ、刻んだいちじくを加えて混ぜる。
4 シリコンカップに3を分け入れ、160℃のオーブンで32〜35分焼き、型から出して冷ます。

小豆パウダー

写真は小豆を焙煎して微粒粉末にした小豆全粒粉。小豆パウダーはコスメ用やこしあんをパウダーにしたものなど数種あるようなので、食品用の小豆粉末を購入して。「あずきーの」という小豆パウダーがおすすめ。自然食品店やインターネットで購入可能。

大麦若葉の今川焼き風マフィン

大麦若葉は緑色がきれいで苦みがないので、お菓子の生地に混ぜました。
中にあんこを入れれば、食べごたえのあるおやつマフィンになります。

材料（口径約8cmのマフィン型シリコンカップ6個分）

-DRY-
米粉…160g
大麦若葉パウダー…20g
ベーキングパウダー…大さじ½
塩…ひとつまみ

-WET-
豆乳…160mℓ
100%りんごジュース…55mℓ
菜種サラダ油…40mℓ

具材
粒あん（市販または手作りのもの）…140g

準備
・オーブンは160℃に予熱する。
・粒あんをゆで小豆から作る場合は、ゆで小豆2に対して、てんさい糖1の割合で加えて煮る。

作り方
（p.16〜17のマフィンの基本を参照）
1 大きめのボウルに*DRY*の材料を合わせて混ぜる。
2 別のボウルに*WET*の材料を合わせて混ぜる。
3 1に2を加えて混ぜる。
4 シリコンカップの半分まで3の生地を入れる。それぞれにあんこを分け入れ、その上にかぶせるように生地をのせる。160℃のオーブンで約30分焼き、型から出して冷ます。

シリコンカップに生地を半分ほど入れたら、あんこをのせ、その上に生地をかぶせて。

大麦若葉パウダー
芽吹いたばかりの大麦の若葉を乾燥粉末にしたもの。苦みがなく飲みやすいほか、お菓子やパンの生地に練り込むと抹茶よりも発色がよく、きれいな緑色に。食物繊維、ビタミン類も豊富。

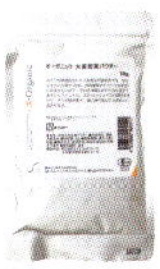

グルテンフリーの

蒸しパン

STEAMED BREAD

GLUTEN-FREE

米粉で作った蒸しパンは、炊きたて「ご飯」のようなもちもちとした食感で、やさしい甘み。蒸したては絶品で、オーブンで焼くより蒸し器で蒸したほうが、そのよさが発揮できるかもと思うくらいのおいしさです。とにかく熱々がいちばんおいしいので、温かいうちに召し上がってみてください。

手前の蒸籠（せいろ）は、りんごとシナモンの蒸しパン（p.24参照）。後ろは、そばと甘酒、くこの実の蒸しパン（p.29参照）。

蒸しパンの基本

材料をどんどん混ぜていくだけなので、生地作りは5分で完了。
蒸すのが大変という方は、直径20cmほどの小ぶりな蒸籠が便利です。

りんごとシナモンの蒸しパン

さいの目のりんごが入り、作りやすくて飽きのこない味わい。

材料（口径約8cmのマフィン型シリコンカップ4個分）

-DRY-

米粉…100g
アーモンドパウダー…10g
ベーキングパウダー…小さじ½
シナモンパウダー…小さじ⅛
塩…ひとつまみ

-WET-

100%りんごジュース…50mℓ
豆乳…25mℓ
メープルシロップ…25mℓ

具材

りんご（皮と芯を除いて）…50g

準備

- りんごはさいの目切りにする。
- 蒸し器に湯を張り、沸かしておく。蒸籠の場合は鍋に湯を張り、沸かしておく。

1 DRYの材料を混ぜる

大きめのボウルに***DRY***の材料を入れ、ゴムべらで混ぜる。

米粉はダマになりにくいので、小麦粉のようにふるう必要はない。だいたい均一になる程度に混ぜればOK。

2 WETの材料を混ぜる

別のボウルに***WET***の材料を入れ、ゴムべらで混ぜる。

分離した状態が、だいたい均一になる程度に混ぜればいい。

蒸しパンの保存について

ほかの米粉のお菓子同様に冷蔵庫には入れないでください。保存する場合は、一つずつラップに包んで冷凍を。解凍するときは室温において自然解凍。蒸し器で軽く蒸し直すとさらにおいしくいただけます。

三年番茶

私は「三年番茶」を愛飲しています。三年番茶は緑茶の茶葉と茎を摘み取り、天日で干して3年間熟成させて作った番茶です。その後焙煎することで、カフェインなどの刺激物質が抜けて、子どもや妊婦の方でも飲めるやさしい味わいに。マクロビでは常備茶として知られています。

3

DRY + WET（+具材）

DRYに***WET***を加え、ゴムべらで混ぜる。具材を加える場合は、生地が均一に混ざったら加え、具材をつぶさないように混ぜ合わせる。

米粉はグルテンが出ないので、生地に粘り気が出にくいため、混ぜるときに多少ぐるぐるとかき混ぜても大丈夫。

4

型に入れて蒸す

マフィン型シリコンカップに生地を均等に分け入れ、蒸気の上がった蒸し器で約25分蒸す。写真のように蒸籠を使用する場合は、湯を張った鍋（蒸籠に合うサイズ）の上にのせて蒸す。

蒸しパンを作るときは、蒸籠があるととても便利。写真は直径約20cmの蒸籠で、蒸しパン4個がちょうど入るサイズ。蒸上りをこのままテーブルに出すこともできる。

いちごの蒸しパン

淡いピンクの生地にいちごの赤が見え隠れするかわいい蒸しパン。
旬の甘いいちごで作ると甘酸っぱい味と香りが最高で、教室でもいちばん人気。

材料(口径約8cmのマフィン型シリコンカップ4個分)

-DRY-

米粉…120g
アーモンドパウダー…10g
ベーキングパウダー…小さじ⅔
塩…ひとつまみ

-WET-

豆乳…50mℓ
100%りんごジュース…50mℓ
てんさい糖…大さじ2

具材

いちご…55g

準備

・いちごはへたを除き、粗くつぶす。
・蒸し器に湯を張り、沸かしておく。蒸籠の場合は鍋に湯を張り、沸かしておく。

作り方
(p.24～25の蒸しパンの基本を参照)

1 大きめのボウルに*DRY*の材料を合わせて混ぜる。
2 別のボウルに*WET*の材料を合わせて混ぜる。
3 1に2を加えて混ぜ、つぶしたいちごを加えて混ぜる。
4 シリコンカップに3を分け入れ、蒸し器で約25分蒸す。

いちごは手で粗くつぶすくらいのほうが、蒸しパンのざっくりとした風合いによく合う。

きな粉としょうがの蒸しパン

粉類にきな粉を、液体類にしょうがの甘煮を溶かして加えました。
見た目はちょっと地味ですが、食べるとしょうがのピリッとした辛みがきいています。

材料（口径約8cmのマフィン型シリコンカップ4個分）

-DRY-
米粉…120g
きな粉…15g
ベーキングパウダー…小さじ1
塩…ひとつまみ

-WET-
豆乳…100mℓ
てんさい糖…18g
しょうがの甘煮（p.69参照）…小さじ2

準備

・蒸し器に湯を張り、沸かしておく。蒸籠の場合は鍋に湯を張り、沸かしておく。

作り方
（p.24〜25の蒸しパンの基本を参照）

1 大きめのボウルに*DRY*の材料を合わせて混ぜる。
2 別のボウルに*WET*の材料を合わせて混ぜる。しょうがの甘煮は混ざりにくいので、分量の豆乳から少し取り分けて、よく溶きのばしてから加えるといい。
3 1に2を加えて混ぜる。
4 カップに3を分け入れ、蒸し器で約30分蒸す。

しょうがの甘煮は混ざりにくいので、少量の豆乳であらかじめ溶きのばしてから加えると、均一によく混ざる。

パセリと玉ねぎの蒸しパン

食事代りにもなる野菜の甘くない蒸しパンです。米粉は粉そのものにくせがないため、
加える野菜は香りや味など個性の強いものが合います。また、みそなどで風味をつけるのも大切。

材料（口径約7.5cmのマフィン型紙カップ4個分）

-DRY-
米粉…100g
ベーキングパウダー…小さじ½
塩…ひとつまみ

-WET-
豆乳…100mℓ
みそ（あれば麦みそ）…小さじ2
パセリ（みじん切り）…大さじ2

具材

玉ねぎ…小⅓個

準備

・玉ねぎは薄切りにする。
・蒸し器に湯を張り、沸かしておく。蒸籠の場合は鍋に湯を張り、沸かしておく。

作り方
（p.24〜25の蒸しパンの基本を参照）

1 大きめのボウルに*DRY*の材料を合わせて混ぜる。
2 別のボウルに*WET*の材料を合わせて混ぜる。みそは混ざりにくいので、分量の豆乳から少し取り分けて、よく溶きのばしてから加えるといい。
3 1に2を加えて混ぜ、玉ねぎを加えて混ぜる。
4 カップに3を分け入れ、蒸し器で約25分蒸す。

玉ねぎは薄切り、パセリはみじん切りに。このほか長ねぎや万能ねぎ、三つ葉などでも。

そばと甘酒、くこの実の蒸しパン

砂糖を使わず、自然の甘味料·甘酒だけで作り、そば粉を生地に加えました。
くこの実を加えると、見た目と食感のいいアクセントになります。

材料（口径約8cmのマフィン型シリコンカップ4個分）

-DRY-
米粉…70g
そば粉…30g
ベーキングパウダー…小さじ1
塩…ひとつまみ

-WET-
黒米甘酒または甘酒…150mℓ
水…50mℓ

具材
レーズン…20g
くこの実…10g

準備
・くこの実はかぶるくらいの水に浸してやわらかくし、水気をきる。
・蒸し器に湯を張り、沸かしておく。蒸籠の場合は鍋に湯を張り、沸かしておく。

作り方
（p.24～25の蒸しパンの基本を参照）

1 大きめのボウルに*DRY*の材料を合わせて混ぜる。
2 別のボウルに*WET*の材料を合わせて混ぜる。
3 1に2を加えて混ぜ、レーズン、くこの実を加えて混ぜる。
4 シリコンカップに3を分け入れ、蒸し器で約25分蒸す。

くこの実
中国料理の材料としておなじみで、主に乾燥させたものが流通している。ビタミン類が豊富で、薬膳の食材としても有名、眼精疲労の回復などの効能を持つ。

グルテンフリーの

クッキー

グルテンフリーで作るクッキーは、さくさくとした食感と、口の中でほろっとくずれる口溶けが特徴です。小さく丸めて焼いたり、型抜きしたりなど形のバリエーションもいろいろ。そのまま食べるだけでなく、クリームをはさんで楽しむ食べ方もご紹介しています。

写真左側の色が白いほうが、米粉のさくほろクッキー(p.32参照)、右側の色が濃いほうが、きな粉のさくほろクッキー(p.33参照)。

クッキーの基本

DRY（粉類）にWET（液体類）を混ぜるだけですが、生地の水分量が少なくかたいので、手でしっかりと、ひとまとまりになるまで混ぜるのがコツです。

米粉のさくほろクッキー

かむとさくさく、口の中でボーロのように溶けていく、絶妙な食感。自信作のクッキーです。

材料（20個分）

-DRY-

米粉…30g

アーモンドパウダー…20g

くず粉または片栗粉…20g

-WET-

メープルシロップ…大さじ2

菜種サラダ油…大さじ2

準備

・オーブンの天板にオーブンシートを敷く。

・オーブンは160℃に予熱する。

1 DRYの材料を混ぜる

大きめのボウルに***DRY***の材料を入れ、ゴムべらで混ぜる。

米粉はダマになりにくいので、小麦粉のようにふるう必要はない。だいたい均一になる程度に混ぜればOK。

2 WETの材料を混ぜる

別のボウルに***WET***の材料を入れ、ゴムべらで混ぜる。

分離した状態が、だいたい均一になる程度に混ぜればいい。

クッキーの保存について

保存する場合は、乾燥剤を入れた缶や瓶に入れて室温で保存。またはジッパーつきポリ袋に入れて冷凍を。解凍するときは室温において自然解凍します。

アーモンドパウダーを
きな粉に変えて

きな粉のさくほろクッキー

米粉のさくほろクッキーの、
きな粉を加えたバリエーションです。

材料（20個分）

-DRY-

米粉…30g
きな粉…25g
くず粉または片栗粉…15g

-WET-

メープルシロップ…大さじ2
菜種サラダ油…大さじ2

作り方

下記の基本のクッキーの作り方1〜4を参照して作る。

3

DRY + WET（+具材）

*DRY*に*WET*を加え、ゴムべらで混ぜる。具材がある場合も一緒に加えて混ぜていい。粉っぽさがなくなったら、手で生地をひとまとまりにする。

クッキー類は水分の少ない配合のため、しっとりするまで混ぜる。

ひとまとまりにしたら、生地はねかせず、次の成形の作業に移る。

4

成形して、焼く

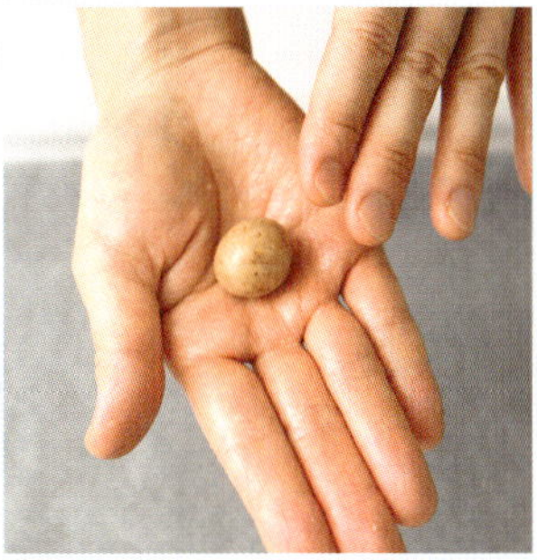

生地を20等分し、一つずつ丸め、オーブンシートを敷いた天板に並べ、軽く押さえてくぼみをつける。160℃に熱したオーブンに入れて約20分焼く。焼き上がったらそのまま余熱で5分ほどおき、取り出してケーキクーラーの上で冷ます。

手のひらで転がして、丸く成形し、上を指先で軽く押さえる。

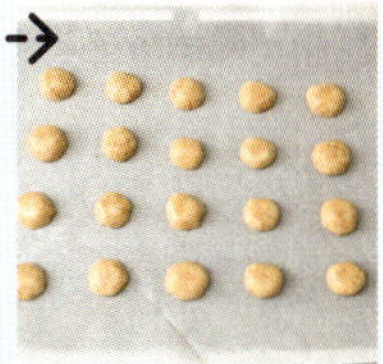

ざくざく雑穀のクッキー

米粉に雑穀やナッツ類を加え、ざっくりとした歯ごたえに仕上げたクッキーです。
ひまわりの種がなければ、くるみやピーナッツなどでもおいしくできます。

材料(直径約4cmのもの20枚分)

-DRY-

米粉…50g
オートミール…50g
ひまわりの種…大さじ2
シナモンパウダー…小さじ¼
ナツメッグパウダー…小さじ¼
塩…ひとつまみ

-WET-

100%りんごジュース…大さじ2
菜種サラダ油…25mℓ
メープルシロップ…25mℓ
てんさい糖…小さじ1

準備

・オーブンの天板にオーブンシートを敷く。
・オーブンは170℃に予熱する。

作り方
(p.32〜33のクッキーの基本を参照)

1 大きめのボウルに*DRY*の材料を合わせて混ぜる。
2 別のボウルに*WET*の材料を合わせ、砂糖が溶けるまでよく混ぜる。
3 1に2を加えて混ぜる。
4 天板に3の生地大さじ1ほどを落とし、スプーンの背で軽く押して、直径4cmほどに丸くのばす。これを繰り返して成形し、170℃のオーブンで30〜35分焼く。

オートミール

燕麦(えんばく)を脱穀して調理しやすく加工したもの。麦類だがグルテンは含まない。ただし、小麦粉と同じ製造ラインで作られたものはグルテンが混入する場合もあり、アレルギーを気にする方は、グルテンフリーの表示があるものを選んで。

ひまわりの種

ひまわりの種の殻をむき、ローストしたもの。塩味がついていないものを選んで。カルシウム、鉄分、亜鉛、ビタミンE、ビタミンB_1など栄養豊富。

抹茶サブレ

粉類に抹茶を加え、甘みは米水あめでつけました。甘さはかなり控えめ、
抹茶の苦みを生かした味わいです。薄焼きなので、かりかりとした食感に仕上がります。

材料（直径約4cmのもの12枚分）

-DRY-
米粉…37g
アーモンドパウダー…13g
抹茶…1.5g
塩…ひとつまみ

-WET-
菜種サラダ油…25mℓ
米水あめ…大さじ1

具材

黒ごま…小さじ1
水…大さじ½

準備

・オーブンの天板にオーブンシートを敷く。
・オーブンは160℃に予熱する。

作り方

（p.32〜33のクッキーの基本を参照）

1 大きめのボウルに*DRY*の材料を合わせて混ぜる。
2 別のボウルに*WET*の材料を合わせて混ぜる。米水あめがかたい場合は、湯煎にかけてやわらかくし、菜種サラダ油を少しずつ加えて溶きのばす。
3 1に2、黒ごまを加えて混ぜる。ぽろぽろになったら、分量の水を加えてよく混ぜて生地をまとめる。
4 生地を12等分し、一つずつ丸めて天板に置き、直径4cmほどに薄く丸くのばす。これを繰り返して成形し、160℃のオーブンで約25分焼く。

成形は、まず、生地を両手のひらで転がして、小さく丸める。

天板に置いて、直径4〜5cmの円形に手で押さえながらのばす。

お米と白ごまのサブレ

さくさくとした食感のごま風味です。
型抜きして作りますが、花型がなければ丸型など好みの型抜きでどうぞ。
シンプルな味わいなので、クリームをはさむなどアレンジが楽しめます。

材料(直径約4cmのもの13枚分)

-DRY-
米粉…60g
くず粉または片栗粉…25g
アーモンドパウダー…25g

-WET-
菜種サラダ油…大さじ2½
てんさい糖…20g

具材
白ごま…小さじ1
水…大さじ2

準備
・オーブンの天板にオーブンシートを敷く。
・オーブンは160℃に予熱する。

作り方(p.32～33のクッキーの基本を参照)

1 大きめのボウルに*DRY*の材料を合わせて混ぜる。
2 別のボウルに*WET*の材料を合わせ、砂糖が溶けるまでよく混ぜる。
3 1に2、白ごまを加えて混ぜる。ぽろぽろになったら、分量の水を加えてよく混ぜて生地をまとめる。
4 生地を台に出し、めん棒で3mm厚さほどにのばす(打ち粉はしない)。直径約4cmの花型または丸型で抜く。天板に並べ、160℃のオーブンで約23分焼く。

めん棒でのばして、型抜きする。かための生地なので、のばす際に生地が切れないように注意して。

with

チョコクリーム

チョコ味のスプレッド。甘みが少ないビタータイプです。もし苦いようならメープルシロップを足してください。
この本でご紹介しているどのクッキーにも合いますので、サンドしてバリエーションを楽しむことができます。

材料(作りやすい分量)
豆乳…100mℓ
ココアパウダー…15g
メープルシロップ…小さじ2
カカオマス…5g

作り方

1 鍋に材料をすべて入れ、中火にかけ、カカオマスを溶かす。温まってきたら弱火にし、とろみがつくまで練り混ぜる。
2 全体にとろりとなめらかな状態になったら火を止め、そのままおいて冷ます。

チョコクリームの保存について

保存容器に入れ、冷蔵庫で約1週間保存可能。冷えるとかたくなるので、室温においてやわらかくしてから使います。冷凍保存も可。自然解凍して使用。

グルテンフリーの

マドレーヌ

MADELEINE

GLUTEN-FREE

米粉で作ったマドレーヌは、とにかくしっとり、やわらか。小麦粉のものに比べると少々白っぽく焼き上がりますが、その姿もエレガントで、たくさん作っておすそ分けしたくなるくらいのかわいらしさです。米粉はそれ自体に味や香りが少ないので、アーモンドパウダーやコーヒーを混ぜたり、ジャムを入れたりするのがおいしく作るコツ。

手前二つはジャム入りレモンマドレーヌ(p.45参照)、中央右ピスタチオとチェリーのマドレーヌ(p.42参照)、中央左マドレーヌ・サレ(p.44参照)、奥右コーヒーと干し柿のマドレーヌ(p.43参照)、奥左いちごとしょうがのマドレーヌ(p.40参照)。

マドレーヌの基本

マドレーヌは焼き上がったものを型からはずす際に上手にできないということがあります。
フッ素樹脂加工の型でも、薄く油をぬったほうがきれいにはずせます。

いちごとしょうがのマドレーヌ

生地はほんのりスパイシーなしょうが風味、いちごの甘みとのコントラストを楽しんで。

材料(マドレーヌ型6個分)

-DRY-
米粉…95g
アーモンドパウダー
　(できれば皮つき)…25g
ベーキングパウダー…小さじ⅔
ジンジャーパウダー…小さじ¼
塩…ひとつまみ

-WET-
豆乳…100㎖
菜種サラダ油…大さじ3
てんさい糖…大さじ3
バニラエクストラクト…小さじ¼

具材
いちご…5粒(小粒なら7〜8粒)

準備
・オーブンは180℃に予熱する。
・いちごはへたを除き、小さく切る。
・マドレーヌ型に菜種サラダ油(分量外)を刷毛で薄くぬる。

1 DRYの材料を混ぜる

大きめのボウルにDRYの材料を入れ、ゴムべらで混ぜる。

米粉はダマになりにくいので、小麦粉のようにふるう必要はない。だいたい均一になる程度に混ぜればOK。

2 WETの材料を混ぜる

別のボウルにWETの材料を入れ、ゴムべらで混ぜる。

てんさい糖が入っているので、よく混ぜて完全に溶かす。

マドレーヌの保存について

保存する場合は、一つずつラップに包んで冷凍を。解凍するときは室温において自然解凍。オーブンで軽く焼き直してもおいしくいただけます。

マドレーヌ型

丸い形がかわいいシェル形のマドレーヌ型です。型離れがよく、焼上りがきれいにはずせます。サイズは18×26.5×高さ1.5cm、材質は鉄(シリコーン樹脂焼付け塗装加工)。Homemade Cakes マドレーヌシェル型(6個取り)/貝印

3

DRY + WET(+具材)

DRY に ***WET*** を加え、ゴムべらで混ぜる。具材を加える場合は、生地が均一に混ざったら加え、具材をつぶさないように混ぜ合わせる。

米粉はグルテンが出ないので、生地に粘り気が出にくいため、混ぜるときに多少ぐるぐるとかき混ぜても大丈夫。

4

型に入れて焼く

天板にのせたマドレーヌ型に生地を均等に分け入れ、180℃に熱したオーブンに入れて約15分焼く。焼き上がったら型からはずし、ケーキクーラーの上に出して冷ます。

ピスタチオとチェリーのマドレーヌ

米粉にピスタチオパウダーを合わせ、中に種抜きのチェリーを2粒入れました。
生地はピスタチオの淡いグリーン、コクと香りが絶妙なワンランク上の味わい。

材料（マドレーヌ型6個分）

-DRY-

米粉…95g
ピスタチオパウダー…25g
ベーキングパウダー…小さじ⅔
塩…ひとつまみ

-WET-

豆乳…100mℓ
菜種サラダ油…50mℓ
てんさい糖…大さじ3

具材

チェリー（冷凍）…12粒

準備

・オーブンは180℃に予熱する。
・マドレーヌ型に菜種サラダ油（分量外）を刷毛で薄くぬる。

作り方
（p.40～41のマドレーヌの基本を参照）

1 大きめのボウルに*DRY*の材料を合わせて混ぜる。
2 別のボウルに*WET*の材料を合わせて混ぜる。
3 1に2を加えて混ぜる。
4 マドレーヌ型の半分まで3の生地を分け入れる。それぞれにチェリー2粒ずつを入れ、その上にかぶせるように生地をのせる。180℃のオーブンで約15分焼いて、型から出して冷ます。

ピスタチオパウダー
ピスタチオを薄皮つきのまま粉末状にしたもの。ナッツの風味ときれいな薄緑色が特徴。

冷凍チェリー
種抜きの冷凍フルーツ。ダークチェリーやサワーチェリーなど種類があるが、好みのものでOK。ここではダークチェリーを使用。

コーヒーと干し柿のマドレーヌ

意外な組合せかもしれませんが、コーヒーの苦みに干し柿の甘みがベストマッチ。
マクロビではコーヒーは、穀物コーヒーを使います。

材料（マドレーヌ型6個分）

-DRY-

米粉…110g
穀物コーヒー…20g
ベーキングパウダー…小さじ⅔
塩…ひとつまみ

-WET-

豆乳…135㎖
菜種サラダ油…大さじ3
てんさい糖…大さじ3

具材

干し柿…40g

準備

・オーブンは180℃に予熱する。
・干し柿は細かく刻む。
・マドレーヌ型に菜種サラダ油（分量外）を刷毛で薄くぬる。

作り方
（p.40〜41のマドレーヌの基本を参照）

1 大きめのボウルに*DRY*の材料を合わせて混ぜる。
2 別のボウルに*WET*の材料を合わせて混ぜる。
3 1に2を加えて混ぜ、刻んだ干し柿を加えて混ぜる。
4 マドレーヌ型に3の生地を分け入れ、180℃のオーブンで約15分焼き、型から出して冷ます。

穀物コーヒー

コーヒーといっても原料はコーヒー豆ではなく、大麦やライ麦などを焙煎して作られたもの。ノンカフェインで、苦みもまろやかであっさりした味わい。

マドレーヌ・サレ

ドライトマトやハーブ類を加えた甘くないマドレーヌです。
オリーブ油をつけながら食事パンとしていただくと絶品です。

材料（マドレーヌ型6個分）

-DRY-

米粉…120g
ベーキングパウダー…小さじ⅔

-WET-

豆乳…130mℓ
オリーブ油…50mℓ

具材

ドライトマト…20g
ケイパー…20g
ローズマリー…1枝

準備

- ドライトマトはやわらかければそのまま細かく刻む。かたければぬるま湯に5分ほど浸してもどし、水気をきってから刻む。
- ケイパーは水でさっと洗って、水気をふく。
- ローズマリーは枝から葉を摘む。
- オーブンは180℃に予熱する。
- マドレーヌ型に菜種サラダ油（分量外）を刷毛で薄くぬる。

作り方

（p.40～41のマドレーヌの基本を参照）

1. 大きめのボウルに*DRY*の材料を合わせて混ぜる。
2. 別のボウルに*WET*の材料を合わせて混ぜる。
3. 1に2を加えて混ぜ、刻んだドライトマト、ケイパー、ローズマリーの葉を加えて混ぜる。
4. マドレーヌ型に3の生地を分け入れ、180℃のオーブンで約15分焼き、型から出して冷ます。

ドライトマト

ドライトマトにはさまざまな種類がある。ソフトタイプ、ハードタイプどちらでもいいが、油漬けや味つけタイプは避けて。

ジャム入りレモンマドレーヌ

食べると中からとろっとジャムが顔を出します。生地はレモンの皮のフレーバーつきなので、
入れるジャムはルバーブなど酸味のきいたものがおすすめです。

材料(マドレーヌ型6個分)

-DRY-

米粉…95g
アーモンドパウダー
(できれば皮つき)…25g
ベーキングパウダー…小さじ⅔
塩…ひとつまみ
レモンの皮のすりおろし
(黄色の部分のみ)…½個分

-WET-

豆乳…100㎖
菜種サラダ油…大さじ3
てんさい糖…大さじ3
レモンのしぼり汁…小さじ2

具材

好みのジャム(ここでは
ルバーブのジャム)…約大さじ2

準備

・オーブンは180℃に予熱する。
・マドレーヌ型に菜種サラダ油(分量外)を刷毛で薄くぬる。

作り方

(p.40〜41のマドレーヌの基本を参照)

1 大きめのボウルに*DRY*の材料を合わせて混ぜる。
2 別のボウルに*WET*の材料を合わせて混ぜる。
3 1に2を加えて混ぜる。
4 マドレーヌ型の半分まで3の生地を分け入れる。それぞれにジャム約小さじ1ずつを入れ、その上にかぶせるように生地をのせる。180℃のオーブンで約15分焼き、型から出して冷ます。

生地を半量入れたらジャムを中央に小さじ1程度のせ、さらに上まで生地をかぶせる。

グルテンフリーの

スクエアケーキ

SQUARE CAKE

GLUTEN-FREE

生地を正方形のスクエア型に流してオーブンで焼いた米粉のケーキです。配合しだいでさまざまな食感や味わいになります。また、スライスしてクリームをはさんだり、ソースやアイスクリームを添えていただくなど、デコレーションも楽しめるので、おもてなしにぴったりです。

いちごのショコラケーキ。p.48のショコラケーキに、フレッシュストロベリークリーム（p.49参照）をたっぷりサンド。クリームがやわらかいので、ケーキを切り分けてから、食べる直前にこぼれるくらいにはさんでください。

スクエアケーキの基本

型はフッ素樹脂加工のものを使用する場合はオーブンシートを敷く必要はありませんが、敷いたほうが型から取り出すなど、移動の際の作業がぐっと楽になります。

ショコラケーキ

ショコラケーキの焼上り。粉にココア、キャロブを加えたチョコ風味。具材にカカオニブを加えると、粒々が残って、濃厚でざっくりとした食感になります。

材料（15×15cmのスクエア型1台分）

-DRY-

米粉…150g
ココアパウダー…60g
キャロブパウダー…40g
ベーキングパウダー…大さじ½

-WET-

豆乳…160mℓ
100%りんごジュース…80mℓ
アガベシロップ…60mℓ
菜種サラダ油…60mℓ
豆みそ…小さじ1

具材

カカオニブ…大さじ1

●フレッシュストロベリークリーム
…右記参照

準備

・型に合わせてオーブンシートを敷く。
・オーブンは170℃に予熱する。

1 DRYの材料を混ぜる

大きめのボウルに***DRY***の材料を入れ、ゴムべらで混ぜる。

米粉はダマになりにくいので、小麦粉のようにふるう必要はない。だいたい均一になる程度に混ぜればOK。

2 WETの材料を混ぜる

別のボウルに***WET***の材料を入れ、ゴムべらで混ぜる。だいたい均一になる程度に混ぜればいい。

豆みそなどの溶けにくいものは、少量の液体で溶かしてから加えるといい。

スクエアケーキの保存について

スクエアケーキの場合、クリームをはさまない状態で保存することができます。冷蔵庫に入れるとパサパサになってしまうので、保存するときはラップに包んで冷凍を。解凍するときは室温において自然解凍。クリームをはさんだらできるだけ早く食べきりましょう。

フードプロセッサー攪拌前

攪拌後

クリームの保存について

クリームは基本的には当日食べきるのが理想です。残ったものを保存する場合は、保存容器に入れて冷蔵庫へ。翌日には食べきってください。

フレッシュストロベリークリームの作り方 & 仕上げ

豆腐クリームにたっぷりのいちごを加えて。
いちごの粒が残るくらいに攪拌するのがコツ。

材料(スクエアケーキ1台分)

木綿豆腐…⅔丁
アガベシロップ…大さじ3
塩…ひとつまみ
いちご(大粒)…12粒

作り方

1 木綿豆腐はキッチンペーパーに包み、バットなどで軽く重しをして2時間ほどおき、しっかり水気をきる。
2 フードプロセッサーに1の豆腐、アガベシロップ、塩を加えて攪拌する。なめらかになったらへたを取ったいちごを加えて、いちごが粗くつぶれる程度に攪拌する。
3 ショコラケーキの厚みを半分に切り、さらに6等分に切ってから、クリームをたっぷりとはさむ。

3

DRY + WET (+具材)

*DRY*に*WET*を加え、ゴムべらで混ぜる。具材を加える場合は、生地が均一に混ざったら加え、具材をつぶさないように混ぜ合わせる。

米粉はグルテンが出ないので、生地に粘り気が出にくいため、混ぜるときに多少ぐるぐるとかき混ぜても大丈夫。

4

型に入れて焼く

型に生地を流し入れ、表面をならす。170℃に熱したオーブンに入れて約30分焼く。焼き上がったらオーブンシート部分を持ち上げて型から出し、ケーキクーラーの上に出して冷ます。

バニラキャラメルサンドケーキ

ココアケーキに、デーツとタヒニで作った
キャラメルクリームをはさんだケーキです。
ココアケーキはp.48のショコラケーキよりも軽い食感で
やわらかい生地になっています。

材料(直径15×15cmのスクエア型1台分)

●ココアケーキ

-DRY-

米粉…150g
ココアパウダー…20g
キャロブパウダー…20g
ベーキングパウダー…小さじ2
塩…ひとつまみ

-WET-

豆乳…160mℓ
甘酒…60mℓ
菜種サラダ油…40mℓ

●キャラメルクリーム…下記参照

飾り用

豆腐クリーム(p.66参照)…適宜
好みのナッツ…適宜

準備

・型に合わせてオーブンシートを敷く。
・オーブンは160℃に予熱する。

デーツ
なつめやしの果実をドライフルーツにしたもの。砂糖漬けやワックスがかかったものも売られているので、購入する際に注意して。自然食品店、製菓材料店、インターネットで購入可能。

作り方
(p.48〜49のスクエアケーキの基本を参照)

1 大きめのボウルに*DRY*の材料を合わせて混ぜる。
2 別のボウルに*WET*の材料を合わせて混ぜる。
3 1に2を加えて混ぜる。
4 スクエア型に3を流し入れ、160℃のオーブンで約30分焼き、型から出して冷ます。
5 ケーキの厚みを半分に切り、キャラメルクリームをぬってはさむ。上に豆腐クリームを絞って飾り、ナッツをのせる。

with

キャラメルクリーム

デーツ(なつめやし)とタヒニ(ごまペースト)で作る、濃厚な味わいのクリーム。
砂糖は加えず、デーツの持つ自然な甘みで仕上げます。

材料(スクエアケーキ1台分)

デーツ…60g
水…適宜
タヒニ…大さじ2
バニラエクストラクト…小さじ1

作り方

1 デーツは細かく切って小鍋に入れ、ひたひたの水を加えて2〜3分煮る。

2 やわらかくなったら、汁ごとフードプロセッサーに入れ、タニヒ、バニラエクストラクトを加えて攪拌し、なめらかなクリーム状にする。

ジンジャーアーモンドケーキ

しょうがの甘煮を加えたシンプルなケーキです。
そのままでもおいしいですが、お好みで
あんずソースやアイスクリームを添えてもおいしいです。

材料（直径15×15cmのスクエア型1台分）

-DRY-
米粉…160g
アーモンドパウダー…50g
ベーキングパウダー…小さじ1
塩…ひとつまみ

-WET-
豆乳…160mℓ
菜種サラダ油…70mℓ
メープルシロップ…60mℓ
しょうがの甘煮（p.69参照）…大さじ2

仕上げ用
あんずソース（p.69参照）…適宜

準備
・型に合わせてオーブンシートを敷く。
・オーブンは170℃に予熱する。

作り方
（p.48～49のスクエアケーキの基本を参照）

1 大きめのボウルに***DRY***の材料を合わせて混ぜる。
2 別のボウルに***WET***の材料を合わせて混ぜる。しょうがの甘煮は混ざりにくいので、分量の豆乳から少し取り分けて、よく溶きのばしてから加えるといい。
3 1に2を加えて混ぜる。
4 スクエア型に3を流し入れ、170℃のオーブンで約30分焼き、型から出して冷ます。
5 切り分けて器に盛り、好みであんずソースをかけていただく。

スクエア型のオーブンシートの敷き方

1 型の底板＋高さの大きさにオーブンシートを切り、中央に底板を置く。四隅を四角く切り取る（写真斜線部分）。

2 四隅を折って箱形にし、型に入れて敷く。

グルテンフリーの

薄焼きスポンジケーキ

THIN FILLING SPONGE CAKE

GLUTEN-FREE

ロールケーキ用の天板に生地を流して、薄いスポンジ生地を作り、それをさまざまにアレンジして楽しむケーキです。たとえばあんこをはさんでどら焼き風、クリームを飾ってショートケーキ、ババロワやクリームと組み合わせてグラスデザートに。スポンジケーキはプレーンとココアの２種類をご紹介します。

お好み手作りどら焼き。薄焼きスポンジケーキを四角く切り分けて、自分であんこをはさんでいただきます。一緒にいちご、ドライフルーツやナッツをはさんでアレンジするのも楽しい。

薄焼きスポンジケーキの基本

マクロビスイーツならボウルに材料をどんどん入れて混ぜて焼くだけ。しかも米粉なら、小麦粉のように混ぜ方に気をつかうこともないし。焼き時間が10分と短いのもうれしい。

プレーンスポンジケーキ

材料(30×22cmのロールケーキ型1台分)

-DRY-
米粉…135g
アーモンドパウダー
(できれば皮つき)…10g
ベーキングパウダー…小さじ1
塩…ひとつまみ

-WET-
豆乳…150mℓ
メープルシロップ…70mℓ
菜種サラダ油…大さじ2

仕上げ用
あんこ(市販品)…適宜
いちご、ドライフルーツなど…適宜

準備
・型に合わせてオーブンシートを敷く。
・オーブンは200℃に予熱する。

1 DRYの材料を混ぜる

大きめのボウルに***DRY***の材料を入れ、ゴムべらで混ぜる。

米粉はダマになりにくいので、小麦粉のようにふるう必要はない。だいたい均一になる程度に混ぜればOK。

2 WETの材料を混ぜる

別のボウルに***WET***の材料を入れ、ゴムべらで混ぜる。

だいたい均一になる程度に混ぜればいい。

スポンジケーキの保存について

保存するときはラップに包むか、余った切れ端はジッパーつき保存袋に入れて冷凍を。解凍するときは室温において自然解凍します。

ロールケーキ型

ロールケーキに合うサイズの薄いスポンジケーキが焼ける天板形の型です。サイズ30×22×高さ2.5cm。フッ素樹脂加工。Homemade Cakes テフロンセレクトロールケーキ型／貝印

3

DRY + WET

DRY に ***WET*** を加え、ゴムべらでダマにならないよう注意しながら均一になるまで混ぜる。

米粉はグルテンが出ないので、生地に粘り気が出にくいため、混ぜるときに多少ぐるぐるとかき混ぜても大丈夫。

4

型に入れて焼く

型に生地を流し入れ、表面をならす。200℃に熱したオーブンに入れて約10分焼く。焼き上がったらオーブンシート部分を持ち上げて型から出し、ケーキクーラーの上に出して冷ます。

5

仕上げ

薄焼きスポンジケーキのオーブンシートをはがし、好みの大きさに四角く切り、あんこ、いちご、ドライフルーツなどをはさむ。

ラズベリー甘酒ババロワ

グラスの底にココア味の薄焼きスポンジを敷き、ババロワを流して冷やし固めます。
ババロワの甘みは甘酒だけにし、ラズベリーの酸味を生かしたさっぱり味に。

材料(2人分・
ただし薄焼きスポンジは
30×22cmのロールケーキ型1台分)

●薄焼きスポンジ(ココア)

-DRY-

米粉…120g
ココアパウダー…25g
ベーキングパウダー…小さじ1
塩…ひとつまみ

-WET-

豆乳…160mℓ
メープルシロップ…70mℓ
菜種サラダ油…大さじ2

●ラズベリーババロワ

黒米甘酒…120mℓ
水…80mℓ
ラズベリー…30g
寒天フレーク…大さじ1

準備

・型に合わせてオーブンシートを敷く。
・オーブンは200℃に予熱する。

作り方
(p.56～57の薄焼きスポンジの基本を参照)

1 大きめのボウルに*DRY*の材料を合わせて混ぜる。
2 別のボウルに*WET*の材料を合わせて混ぜる。
3 1に2を加えて混ぜる。
4 ロールケーキ型に3を流し入れ、200℃のオーブンで約10分焼いて、型から出して冷ます。
5 4の生地をグラスの大きさに合わせて切り、グラスの底に敷く。
6 鍋にババロワの材料をすべて入れ、火にかけてよく混ぜる。沸騰したら弱火にし、2～3分ふつふつとした状態で煮て寒天を溶かす。
7 5に6を流し入れ、粗熱が取れたら冷蔵庫に入れて冷やし固める。

寒天は水に溶かしただけでは完全に溶けていない。火にかけて細かな泡が立って煮立ったら、静かに沸騰させながら煮て完全に煮溶かす。

レアチーズ風ババロワ

ココナッツミルクと豆乳ヨーグルトを合わせて寒天で固めたババロワです。
スポンジケーキは台に使います。

材料（2人分・
ただし薄焼きスポンジは
30×22cmのロールケーキ型1台分）

●薄焼きスポンジ（プレーン）

-DRY-
米粉…135g
アーモンドパウダー
（できれば皮つき）…10g
ベーキングパウダー…小さじ1
塩…ひとつまみ

-WET-
豆乳…150mℓ
メープルシロップ…70mℓ
菜種サラダ油…大さじ2

●レアチーズ風ババロワ
ココナッツミルク…60mℓ
豆乳ヨーグルト…90mℓ
アガベシロップ…大さじ2
寒天パウダー…小さじ½

飾り用
レモンの皮（せん切り）…適宜

準備
・型に合わせてオーブンシートを敷く。
・オーブンは200℃に予熱する。

作り方
（p.56〜57の薄焼きスポンジの基本を参照）

1. 大きめのボウルに*DRY*の材料を合わせて混ぜる。
2. 別のボウルに*WET*の材料を合わせて混ぜる。
3. 1に2を加えて混ぜる。
4. ロールケーキ型に3を流し入れ、200℃のオーブンで約10分焼いて、型から出して冷ます。
5. 4の生地をグラスの大きさに合わせて切り、グラスの底に敷く。
6. 鍋にババロワの材料をすべて入れ、火にかけてよく混ぜる。沸騰したら弱火にし、4分ほどふつふつとした状態で煮て寒天を溶かす。
7. 5に6を流し入れ、粗熱が取れたら冷蔵庫で冷やし固める。仕上げにレモンの皮を飾る。

グラスの下に敷くスポンジ生地は、余った切れ端でもOK。冷凍した生地の場合は、自然解凍してから使う。

金時豆のモンブラン

さつまいもと金時豆を使ったクリームを、ココアスポンジの上に山形にのせて、
モンブラン風に仕立てました。ピーナッツバターが隠し味です。

材料（5〜6個分・
ただし薄焼きスポンジは
30×22cmのロールケーキ型1台分）

●薄焼きスポンジ（ココア）

-DRY-

米粉…120g
ココアパウダー…25g
ベーキングパウダー…小さじ1
塩…ひとつまみ

-WET-

豆乳…160㎖
メープルシロップ…70㎖
菜種サラダ油…大さじ2

●金時豆のクリーム

さつまいも（蒸して皮をむく）…160〜170g
金時豆（ゆでたもの）…150g
ピーナッツバター…小さじ1
メープルシロップ…大さじ1½
塩…ひとつまみ
ブランデー…好みで少々

飾り用

金時豆（ゆでたもの）…適宜

準備

・型に合わせてオーブンシートを敷く。
・オーブンは200℃に予熱する。

作り方
（p.56〜57の薄焼きスポンジの基本を参照）

1 大きめのボウルに*DRY*の材料を合わせて混ぜる。
2 別のボウルに*WET*の材料を合わせて混ぜる。
3 1に2を加えて混ぜる。
4 ロールケーキ型に3を流し入れ、200℃のオーブンで約10分焼いて、型から出して冷ます。
5 4の生地を直径10cmほどのセルクルで丸く抜く。
6 フードプロセッサーに金時豆のクリームの材料をすべて入れ、なめらかなクリーム状になるまで攪拌する。これを万能ざるでこす。
7 6を、こした状態のまま5に山形に盛り、金時豆を飾る。

クリームは万能ざるでこすとなめらかになるだけでなく、ざるの網目から出た粒々の状態でそのまま盛りつけられる。

抹茶ティラミス

プレーンの薄焼きスポンジに抹茶のシロップをしみ込ませてティラミスの生地に。
あんこ、抹茶の豆腐クリームと合わせて和風に仕上げました。

材料(グラス3個分・
ただし薄焼きスポンジは
30×22cmのロールケーキ型1台分)

●薄焼きスポンジ(プレーン)

-DRY-
米粉…135g
アーモンドパウダー(できれば皮つき)…10g
ベーキングパウダー…小さじ1
塩…ひとつまみ

-WET-
豆乳…150mℓ
メープルシロップ…70mℓ
菜種サラダ油…大さじ2

●抹茶シロップ
水…50mℓ
抹茶…小さじ1
てんさい糖…小さじ1

●抹茶クリーム(p.67参照)…適宜
あんこ(市販品)…適宜
抹茶…適宜

準備
・型に合わせてオーブンシートを敷く。
・オーブンは200℃に予熱する。

作り方
(p.56〜57の薄焼きスポンジの基本を参照)

1. 大きめのボウルに*DRY*の材料を合わせて混ぜる。
2. 別のボウルに*WET*の材料を合わせて混ぜる。
3. 1に2を加えて混ぜる。
4. ロールケーキ型に3を流し入れ、200℃のオーブンで約10分焼いて、型から出して冷ます。
5. 鍋に抹茶シロップの材料を合わせて火にかけ、よく混ぜて溶かす。
6. 4の生地をグラスの大きさに合わせて切り、グラスの底に敷き、5のシロップを多めにぬってしみ込ませる。
7. 6にあんこ、抹茶クリームの順に重ねて入れ、茶こしで抹茶をふりかける。

グラスの底にプレーンのスポンジ生地を敷き、抹茶シロップをたっぷりとしみ込ませる。

チョコミントババロワ

ミントの葉を加えて香りをつけたチョコババロワ&スポンジ生地の組合せ。
バットに流して作るとケーキ風に、グラスに流すとデザート風になります。

材料(小さめのバット1台分・ただし薄焼きスポンジは30×22cmのロールケーキ型1台分)

●薄焼きスポンジ(プレーン)

-DRY-

米粉…135g
アーモンドパウダー(できれば皮つき)…10g
ベーキングパウダー…小さじ1
塩…ひとつまみ

-WET-

豆乳…150mℓ
メープルシロップ…70mℓ
菜種サラダ油…大さじ2

●チョコミントババロワ

豆乳…250mℓ
メープルシロップ…80mℓ
カカオマス…20g
塩…ひとつまみ
寒天パウダー…3g
ミントの葉(刻む)…大さじ2

準備

・型に合わせてオーブンシートを敷く。
・オーブンは200℃に予熱する。

カカオマス
カカオ豆の皮などを取り除き、乾燥、焙煎、すりつぶしたものを固めたもの。ココアやチョコレートの原料になる。

作り方
(p.56〜57の薄焼きスポンジの基本を参照)

1 大きめのボウルに*DRY*の材料を合わせて混ぜる。
2 別のボウルに*WET*の材料を合わせて混ぜる。
3 1に2を加えて混ぜる。
4 ロールケーキ型に3を流し入れ、200℃のオーブンで約10分焼き、型から出して冷ます。
5 バットの大きさに合わせて、4のスポンジを敷き込む。
6 鍋にミントの葉を除くチョコミントババロワの材料を合わせ、火にかける。煮立ったら弱火にしてふつふつと2〜3分煮、ミントを加えてさらに1分煮る。
7 5に6を流し入れ、粗熱が取れたら冷蔵庫で冷やし固める。仕上げにミントの葉(分量外)を飾る。

いちごのココアショートケーキ

いちごのショートケーキも、薄焼きスポンジ生地なら、簡単にできます。
クリームとフルーツをサンドするだけで、おもてなしにもいい華やかな一品に。

**材料(3個分・
ただし薄焼きスポンジは
30×22cmのロールケーキ型1台分)**

●薄焼きスポンジ(ココア)

-DRY-

米粉…120g
ココアパウダー…25g
ベーキングパウダー…小さじ1
塩…ひとつまみ

-WET-

豆乳…160mℓ
メープルシロップ…70mℓ
菜種サラダ油…大さじ2

●豆腐クリーム(p.66参照)…大さじ6

飾り用

いちご…適宜

準備

・型に合わせてオーブンシートを敷く。
・オーブンは200℃に予熱する。

作り方
(p.56〜57の薄焼きスポンジの基本を参照)

1 大きめのボウルに*DRY*の材料を合わせて混ぜる。
2 別のボウルに*WET*の材料を合わせて混ぜる。
3 1に2を加えて混ぜる。
4 ロールケーキ型に3を流し入れ、200℃のオーブンで約10分焼いて、型から出して冷ます。
5 4を直径10cmほどの花型セルクルで6枚抜く。
6 5を2枚1組にし、1枚に豆腐クリーム、スライスしたいちご、豆腐クリームの順にのせ、もう1枚のスポンジではさむ。残りも同様に作る。上に丸ごとのいちごを飾る。

薄焼きスポンジを型抜きして使う。花型がなければ、セルクルや、または四角く切っても。

いちご甘酒ジェラートパフェ
ブルーベリーチョコレートパフェ

グラスデザート

薄焼きスポンジケーキ、豆腐クリーム、アイスクリームをお好みでグラスに詰めて。
季節のフルーツでいろいろ楽しんでください。

いちご甘酒ジェラートパフェ

材料(グラス4個分・ただし薄焼きスポンジは30×22cmのロールケーキ型1台分)

●薄焼きスポンジ(プレーン)

-DRY-

米粉…135g
アーモンドパウダー(できれば皮つき)…10g
ベーキングパウダー…小さじ1
塩…ひとつまみ

-WET-

豆乳…150mℓ
メープルシロップ…70mℓ
菜種サラダ油…大さじ2

●豆腐クリーム(p.66参照)…適宜

●甘酒ジンジャーアイス(p.70参照)…デッシャー4杯分

●ざくざく雑穀のクッキー(p.34参照)…4枚

飾り用

いちご(へたを除く)…適宜

ブルーベリーチョコレートパフェ

材料(グラス4個分・ただし薄焼きスポンジは30×22cmのロールケーキ型1台分)

●薄焼きスポンジ(ココア)

-DRY-

米粉…120g
ココアパウダー…25g
ベーキングパウダー…小さじ1
塩…ひとつまみ

-WET-

豆乳…160mℓ
メープルシロップ…70mℓ
菜種サラダ油…大さじ2

●紫いもクリーム(p.67参照)…適宜

●チョコミントアイス(p.71参照)…デッシャー4杯分

飾り用

ブルーベリー、チェリー…各適宜

準備

・型に合わせてオーブンシートを敷く。
・オーブンは200℃に予熱する。

作り方(パフェで使うスポンジは、プレーン、ココアともにp.56〜57の薄焼きスポンジの基本を参照)

1 大きめのボウルに*DRY*の材料を合わせて混ぜる。
2 別のボウルに*WET*の材料を合わせて混ぜる。
3 1に2を加えて混ぜる。
4 ロールケーキ型に3を流し入れ、200℃のオーブンで約10分焼き、型から出して冷ます。
5 いちご甘酒ジェラートパフェは、プレーンスポンジ適量をちぎってグラスの底に敷き、豆腐クリーム、いちご、甘酒ジンジャーアイスの順に重ね、クッキーを飾る。
6 ブルーベリーチョコレートパフェは、ココアスポンジ適量をちぎってグラスの底に敷き、ブルーベリー、紫いもクリーム、チョコミントアイス、ブルーベリーの順に入れ、チェリーを飾る。

この本のお菓子に添えるとおいしいいろいろをご紹介します。

クリーム、ソース類 & アイス

豆腐クリーム

大人気の豆腐クリームは、マクロビでは定番で、クリームといえばコレのこと。
バリエーションは豊富で、甘みを加減すれば料理にも使えます。

材料(作りやすい分量)
木綿豆腐(水きりしたもの)…1丁
メープルシロップ…大さじ4
バニラエクストラクト…小さじ1
塩…ひとつまみ

豆腐クリームの保存について
作った当日にできるかぎり食べきるのがおすすめ。保存する場合は保存容器に入れて冷蔵庫へ入れ、翌日には食べきってください。

1 木綿豆腐は、キッチンペーパーで包んで軽く重しをして2時間ほどおき、しっかり水きりしたものを準備する。

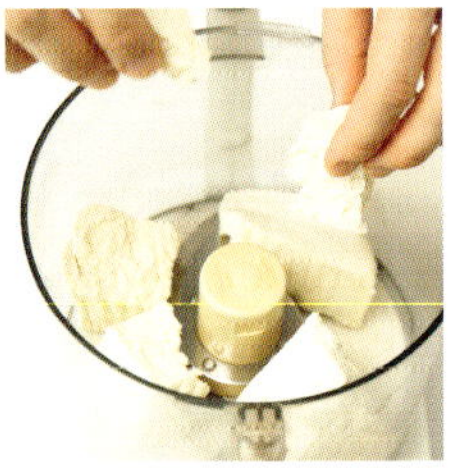

2 豆腐を適当な大きさにちぎって、フードプロセッサーに入れる。

3 メープルシロップ、バニラエクストラクト、塩も加える。

4 攪拌して、なめらかなクリーム状にする。

豆腐クリームのバリエーション

いちごクリーム

材料(作りやすい分量)

豆腐クリーム
　…p.66のでき上り量の½量
いちご(へたを除く)…70g

作り方

1 p.66を参照して豆腐クリームを用意。
2 フードプロセッサーに豆腐クリーム、適当に切ったいちごを入れ、色が均一になるまで充分に攪拌する。

抹茶クリーム

材料(作りやすい分量)

豆腐クリーム…p.66のでき上り量の½量
抹茶パウダー…小さじ¼

作り方

1 p.66を参照して豆腐クリームを用意。
2 フードプロセッサーに豆腐クリームを入れ、抹茶パウダーを全体にふり入れ、色が均一になるまで充分に攪拌する。

紫いもクリーム

材料(作りやすい分量)

豆腐クリーム…p.66のでき上り量の½量
紫いもパウダー…小さじ2

作り方

1 p.66を参照して豆腐クリームを用意。
2 フードプロセッサーに豆腐クリームを入れ、紫いもパウダーを全体にふり入れ、色が均一になるまで充分に攪拌する。

紫いもパウダー

紫いもをパウダー状に粉砕した粉末野菜。パン、お菓子、ご飯などの色づけに便利。

ジンジャーカスタードクリーム

豆乳で作るカスタード風クリームです。
とろみは玄米粉でつけ、しょうがの風味を加えました。

材料(作りやすい分量)

豆乳…150mℓ
アガベシロップ…大さじ2
塩…ひとつまみ
玄米粉…大さじ2
水…大さじ2
ジンジャーパウダー…小さじ1/8

作り方

1 鍋に豆乳、アガベシロップ、塩を入れて中火にかけ、玄米粉と分量の水をよく混ぜてから加える。
2 1を鍋底をかき混ぜながら煮る。
3 ゴムべらで混ぜたとき、鍋底が見えるくらいとろみがついたら、火を止め、ジンジャーパウダーを加えてよく混ぜる。

1 → 2 → 3

クリームの保存について

作った当日にできるかぎり食べきるのがおすすめ。保存する場合は密閉容器に入れて冷蔵庫へ入れ、翌日には食べきってください。

あんずソース

あんずジャムをりんごジュースで溶きのばすだけ。
簡単なので作りおきはせず、その都度作ってください。

材料(作りやすい分量)

あんずジャム(市販または手作りのもの)…大さじ3
100%りんごジュース…大さじ3

作り方

小鍋にあんずジャムとりんごジュースを入れて火にかけ、ジャムが均一に溶けるまでよくかき混ぜる。

しょうがの甘煮

甘さの中にぴりっとした辛みがあり、お菓子の風味づけや隠し味に、パンケーキにつけて食べたりなど、作っておくといろいろ使えます。

材料(作りやすい分量)

しょうが(みじん切り)…100g
てんさい糖…100g

1

作り方

1 しょうが1に対して、てんさい糖1の割合。しょうがはよく洗って、皮つきのままみじん切りにする。
2 鍋に1のしょうが、てんさい糖を入れて中火にかける。
3 砂糖が溶けて沸騰してくると、さらさらとした状態で、細かな泡がたくさん出てくる。焦がさないよう注意して、よくかき混ぜながらさらに煮る。
4 とろみがついて、ゴムべらでこすったとき鍋底が見えるようになったら火を止め、バットなどに移して冷ます。

2

3

4

しょうがの甘煮の保存について

保存容器に入れ、冷蔵庫で2～3週間保存可能。

甘酒ジンジャーアイス

甘酒のほのかな酸味とやさしい甘みに、しょうがを加えて、後味がすっきりとしたアイスクリームです。
このまま食べてもいいですが、パンケーキやスクエアケーキに添えてもおいしい。

作り方（約６人分）

玄米甘酒または甘酒…2カップ
豆乳…100mℓ
練り白ごま…大さじ1
しょうが（すりおろし）…1かけ分

アイスクリームの保存について

保存容器に入れ、冷凍庫で保存。冷凍庫保存でも長期間たつと味と香りが落ちるので、作ってから２週間以内には食べきるのがおすすめ。

作り方

1 練りごまは混ざりにくいので、分量の豆乳から少し取り分けて溶きのばす。
2 ボウルに1、残りの豆乳、玄米甘酒、しょうがを合わせてよく混ぜる。
3 バットや保存容器に2を移し、冷凍庫に入れて3〜4時間凍らせる。途中取り出して3〜4回、空気を含ませるように混ぜる。

チョコミントアイス

刻んだ生のミントを加えたチョコアイス。寒天が入っているので、舌触りがなめらかで、とけにくい。
このまま食べるだけでなく、パンケーキに添えたり、クッキーにはさんでクッキーアイスにしても。

作り方（約6人分）

豆乳…250mℓ
メープルシロップ…75mℓ
カカオマス…20g
寒天パウダー…3g
塩…ひとつまみ
ミント…3枝
ブランデー…少々

作り方

1 ミントは葉を摘んで、細かく刻む。
2 鍋に豆乳、メープルシロップ、カカオマス、寒天パウダー、塩を入れて火にかけ、よく混ぜてカカオマスと寒天パウダーを溶かす。
3 2が煮立ったら、ふつふつとするくらいに火を弱めて3分ほど煮る。1のミントを加え、さらに1分煮て火を止める。粗熱が取れたらブランデーを加えて混ぜる。
4 バットや保存容器に3を移し、冷凍庫に入れて3～4時間凍らせる。途中取り出して3～4回、空気を含ませるように混ぜる。

上原まり子(うえはら・まりこ)

マクロビオティック料理教室主宰。大学卒業後、中学校英語科教諭を経て、イタリアに留学する。帰国後ワインエキスパートやフードコーディネーターの資格を取り、料理の仕事を始める。子どもを授かってから、それまでのグルメ志向を改め、マクロビオティックライフへ。2006年、自身の料理教室であるNatural Kitchen Laboratory マクロウタセをオープン。セミナー、食育講座、出版、レシピ開発、企業研修などで活躍中。著書に『マクロビだからカンタン。ふんわりしっとりケーキ』(文化出版局)。

教室のHP
http://daidokorokakumei.com/

メールマガジン
http://daidokorokakumei.com/?p=260?libro

ブックデザイン　遠矢良一(ARTR)
撮影　福尾美雪
スタイリング　久保百合子
調理アシスタント　杉本有里子　小坪真由美　小泉麻紀　岡畑康子　鈴木弘子
校閲　山脇節子
編集　杉岾伸香
浅井香織(文化出版局)

マクロビだからカンタン。
グルテンフリーのお菓子

2015年10月26日　第1刷発行

著　者　上原まり子
発行者　大沼 淳
発行所　学校法人文化学園 文化出版局
〒151-8524　東京都渋谷区代々木3-22-1
電話03-3299-2565(編集)
03-3299-2540(営業)
印刷・製本所　凸版印刷株式会社

文化出版局のホームページ　http://books.bunka.ac.jp/